Quaresma de São Miguel Arcanjo

Luzia Sena (org.)

Quaresma de São Miguel Arcanjo

Paulinas

Dados Internacionais de Catalogação na Publicação (CIP)
Angélica Ilacqua CRB 8/7057

Quaresma de São Miguel Arcanjo / organizado por Luzia Sena. - São Paulo : Paulinas, 2022.
56 p.

Bibliografia
ISBN 978-65-5808-119-7

1. Quaresma 2. Arcanjo Miguel 3. Devocionário 4. Vida cristã
I. Sena, Luzia

22-0685   CDD 242.34

Índice para catálogo sistemático:

1. Quaresma

1ª edição — 2022
4ª reimpressão — 2025

Direção-geral: *Flávia Reginatto*
Editora responsável: *Marina Mendonça*
Coordenação de revisão: *Marina Mendonça*
Copidesque: *Mônica Elaine G. S. da Costa*
Revisão: *Sandra Sinzato*
Direção de arte: *Irma Cipriani*
Gerente de produção: *Felício Calegaro Neto*
Diagramação: *Telma Custódio*

Nenhuma parte desta obra poderá ser reproduzida ou transmitida por qualquer forma e/ou quaisquer meios (eletrônico ou mecânico, incluindo fotocópia e gravação) ou arquivada em qualquer sistema ou banco de dados sem permissão escrita da Editora. Direitos reservados.

Paulinas

Rua Dona Inácia Uchoa, 62
04110-020 – São Paulo – SP (Brasil)
Tel.: (11) 2125-3500
paulinas.com.br – editora@paulinas.com.br
Telemarketing e SAC: 0800-7010081

© Pia Sociedade Filhas de São Paulo – São Paulo, 2022

Houve então uma batalha no céu: Miguel e seus anjos guerrearam contra o Dragão. O Dragão lutou juntamente com os seus anjos, mas foi derrotado; e eles perderam o seu lugar no céu. Assim foi expulso o grande Dragão, a antiga Serpente, que é chamado Diabo e Satanás, o sedutor do mundo inteiro. Ele foi expulso para a terra, e os seus anjos foram expulsos junto com ele. Ouvi, então, uma voz forte no céu que dizia: "Agora chegou a salvação, o poder e o Reino de nosso Deus e a autoridade de seu Cristo, porque foi expulso o acusador de nossos irmãos, o qual os acusava diante de Deus dia e noite. Eles venceram por causa do sangue do Cordeiro e por causa da palavra de seu testemunho, e não amaram a sua vida até a morte. Por isso, festejai, céus e os que neles habitam" (Ap 12,7-12a).

Sumário

Apresentação 9

Os anjos nas Sagradas Escrituras 13

Os anjos no Catecismo da Igreja Católica
(nn. 328-336) 21

Palavras do Papa Francisco 26

Palavras do Papa São João Paulo II 28

Quaresma em honra de São Miguel Arcanjo 31

Rosário de São Miguel Arcanjo 37

Outras orações e salmos 42

Coroazinha ao anjo da guarda
(Pe. Tiago Alberione) 51

Músicas 55

Apresentação

A palavra "quaresma" é utilizada para designar o período de 40 dias, no qual os católicos realizam a preparação para a Páscoa, a mais importante festa do calendário litúrgico cristão, que celebra a ressurreição de Jesus.

A *Quaresma de São Miguel Arcanjo* é assim denominada porque acontece em um período de 40 dias. É uma oração que, atualmente, tem sido amplamente divulgada, especialmente através das mídias sociais católicas, reunindo jovens e adultos para rezá-la, em família ou em comunidade. A sua origem, porém, é bem mais antiga. Remonta aos tempos de São Francisco de Assis (1182-1226), que, considerando longo o período entre o Advento e a Quaresma, decidiu praticar um novo período de penitência e mortificações dedicado ao Arcanjo São Miguel, príncipe da milícia celeste. Mesmo não constando no calendário litúrgico da Igreja, essa prática tem se popularizado cada vez mais entre os católicos, especialmente através das mídias sociais.

Quando deve ser rezada

Recomenda-se que esta oração a São Miguel Arcanjo seja rezada diariamente (menos aos domingos), individualmente ou em grupo, entre os dias 15 de agosto – Solenidade da Assunção da Virgem Maria – e 29 de setembro, quando celebramos o Arcanjo Miguel, juntamente com outros dois arcanjos, Gabriel e Rafael. Entretanto, essa Quaresma pode ser rezada também em qualquer época do ano, por um período de 40 dias.

Quem é São Miguel Arcanjo

Na Bíblia, Miguel (nome hebraico que significa "quem é como Deus?") é mencionado três vezes no Livro do profeta Daniel (Dn 10,13; 10,21; 12,1-2), como aquele que combate a favor do povo de Deus. No Novo Testamento, a Carta de Judas (versículo 9) mostra-o em luta contra Satanás pelo corpo de Moisés. E, no Livro do Apocalipse (Ap 12,7-9), Miguel lidera os exércitos de Deus contra as forças de Satã e seus anjos e derrota-os durante uma guerra no céu.

São Miguel Arcanjo no Catecismo da Igreja Católica

O Catecismo da Igreja Católica (CIC, 328-330) afirma que:

A existência dos seres espirituais, não corporais, que a Sagrada Escritura chama habitualmente de anjos, é uma verdade de fé. O testemunho da Escritura a respeito é tão claro quanto a unanimidade da Tradição.

Enquanto criaturas puramente espirituais são dotadas de inteligência e de vontade: são criaturas pessoais e imortais. Superam em perfeição todas as criaturas visíveis. Disto dá testemunho o fulgor de sua glória.

Por todo o seu ser os anjos são servidores e mensageiros de Deus, porque contemplam "constantemente a face de meu Pai que está nos céus" (Mt 18,10), são "poderosos executores da sua palavra, obedientes ao som da sua palavra" (Sl 103,20).

O Arcanjo Miguel cedo se tornou muito popular no culto cristão. No século V, é dedicada a ele uma igreja em Roma.

Na arte sacra, o Arcanjo Miguel, geralmente, é representado com uma capa vermelha, uma espada em uma mão e uma balança na outra. A balança é o símbolo universal da justiça, enquanto a espada representa o golpe da espada do Arcanjo para enviar Lúcifer para o inferno, quando este se voltou contra Deus. Sob os pés do Arcanjo, Lúcifer jaz vencido, caído no chão.

"O Senhor deu uma ordem aos seus anjos, para em todos os caminhos te guardarem!" (Sl 90,11).

Os anjos nas Sagradas Escrituras

No Antigo Testamento

De maneira geral, encontramos em toda a Bíblia a convicção tranquila da existência de seres celestes, espirituais. Eles constituem normalmente um mundo sobrenatural que liga o mundo de Deus com o mundo dos seres humanos, como nos indica o Livro de Gênesis: "Em sonho, vi uma escada apoiada no chão e com outra ponta tocando o céu. Por ela subiam e desciam os anjos de Deus. No alto da escada estava o Senhor que dizia: 'Eu sou o Senhor, Deus de teu pai Abraão, o Deus de Isaac'" (Gn 28,12-13).

No relato da criação, o autor bíblico afirma que Deus colocou um anjo na entrada do Paraíso para impedir aos homens a entrada no jardim do Éden: "Tendo expulsado o ser humano, postou a oriente do jardim do Éden os querubins, com a espada fulgurante a cintilar, para guardarem o caminho da árvore da vida" (Gn 3,24).

Os querubins cantam os louvores de Deus e protegem com suas asas a arca da aliança (1Rs 6,23-29), e um serafim purificará os lábios do profeta Isaías com uma brasa tirada do altar, dizendo: "Agora que isto tocou os teus lábios tua culpa está sendo tirada e teu pecado, perdoado" (Is 6,6-7). Todos os seres, no céu e na terra, os anjos e seus exércitos exaltam a glória do Senhor Deus (Sl 148,2; Ne 9,6); os anjos estão a serviço de Deus para executar as suas ordens (Sl 103,20); velam sobre as pessoas (Tb 3,17; Sl 91,11; Dn 3,49-50); apresentam a Deus a oração de homens piedosos (Tb 12,12-15). Deus manda um anjo à frente do seu povo para conduzi-lo e protegê-lo (Ex 23,20-23).

Três anjos recebem um nome em relação com sua missão determinada: Rafael, "Deus cura" (Tb 3,17; 12,14); Gabriel, "herói de Deus"

(Dn 8,16; 9,21), e Miguel: "Quem é como Deus?" (Dn 10,13.21; 12,1).

Ao povo de Israel no deserto, no seu êxodo a caminho da libertação, Deus lhe promete: "Mandarei um anjo à tua frente, para que te guarde pelo caminho e te introduza no lugar que eu preparei. Respeita-o e ouve a sua voz. Não lhe sejas rebelde; ele não suportará vossas rebeliões, pois nele está o meu nome. Mas se de fato ouvires a sua voz e fizeres tudo quanto te disser, eu serei inimigo dos teus inimigos e adversário dos teus adversários" (Ex 23,20-22).

No Novo Testamento

O Novo Testamento, além de antigas denominações dadas aos anjos, apresenta outras mais: arcanjos (1Tm 4,16; Jd 9), tronos, dominações, principados, potestades, autoridades, virtudes (Cl 1,16; Ef 1,21).

Nos Evangelhos, os anjos habitam o mundo celeste (Jo 1,51); aparecem, sobretudo, nos relatos da infância e da ressurreição de Jesus. Em Lucas, o anjo Gabriel anuncia a Zacarias o nascimento de João Batista (Lc 1,11-20) e a Maria, o nascimento de Jesus (Lc 1,26-38). É um anjo, acompanhado de uma multidão deles, que anuncia aos pastores o nascimento do Salvador em uma gruta em Belém, e cantam: "Glória a Deus no mais alto dos céus, e na terra, paz aos homens..." (Lc 2,9-14).

No Evangelho de Mateus (Mt 1,18-21) é o "anjo do Senhor" que esclarece José a respeito do futuro nascimento de Jesus e, depois do nascimento, em sonho, pede a ele que fuja para o Egito, pois Herodes vai procurar o menino para matá-lo (Mt 1,20ss; 2,13-22). E o anjo serve-lhe de guia na fuga para o Egito, tanto na partida como no seu retorno (Mt 2,13-15.19-23).

Em seu papel de guardiães das pessoas, velam de modo particular sobre os "pequenos": "Cuidado! Não desprezeis um só destes pequenos! Eu vos digo que seus anjos, no céu, contemplam sem cessar a face do meu Pai que está nos céus" (Mt 18,10); se alegram com a conversão dos pecadores: "[...] eu vos digo: haverá alegria entre os anjos de Deus por um só pecador que se converte" (Lc 15,10); asseguram o transporte do corpo do pobre Lázaro para o seio de Abraão: "Quando o pobre morreu, os anjos o levaram para junto de Abraão" (Lc 16,22).

Durante a vida pública de Jesus, a assistência dos anjos se faz presente na tentação, quando "Jesus foi conduzido ao deserto pelo Espírito, para ser posto à prova pelo diabo" (Mt 4,1). Depois de Jesus rechaçar o diabo, este o deixou e os anjos se aproximaram para servi-lo (cf. Mt 4,11; Mc 1,13). No monte das Oliveiras, em sua agonia, apareceu-lhe um anjo do céu, para confortá-lo (Lc 22,43). Diante do túmulo vazio, são ainda os anjos que revelam às mulheres o mistério da ressurreição de Jesus: "Um anjo do Senhor desceu do céu e, aproximando-se, removeu a pedra e sentou-se nela... Então o anjo falou às mulheres: 'Vós não precisais ter medo! Sei que procurais Jesus, que foi crucificado. Ele não está aqui! Ressuscitou, como havia dito!'" (cf. Mt 28,2-6; Mc 16,1-7; Lc 24,3-6; Jo 20,11-13).

Os anjos nos ensinamentos de Jesus

Além dessas intervenções na vida de Jesus, os evangelistas colocam nos lábios do próprio Jesus todo um ensinamento a respeito dos anjos. Eles contemplam a face do Pai (Mt 18,10); se alegram com a conversão dos pecadores (Lc 15,10); asseguram que, quando "o pobre Lázaro morreu, os anjos o levaram para junto de Abraão" (Lc 16,22); os anjos velam, de modo particular, pelos "pequenos": "Eu vos digo que os seus anjos, no céu, contemplam sem cessar a face do meu Pai que está nos céus" (Mt 18,10). No momento da parusia, no juízo final, acompanharão o Filho do Homem que "virá na glória do seu Pai, com os seus anjos, e então retribuirá a cada um de acordo com sua conduta" (Mt 16,27). Eles serão os executores que separarão os condenados (Mt 13,41-42) e reunirão os eleitos (Mt 24,31). Assim, tendo acompanhado Jesus desde o seu nascimento até a sua ressurreição, estarão ainda presentes e ativos no momento da inauguração desse reino nos céus.

Os anjos em Atos dos Apóstolos e nas Cartas de Paulo

O livro dos Atos dos Apóstolos menciona "dois homens vestidos de branco" (At 1,10) que explicam aos apóstolos – que continuavam olhando para o céu, enquanto Jesus subia – o sentido da ascensão do seu Mestre. Na sequência do livro, os anjos intervêm para ajudar nos inícios da evangelização e para o seu desenvolvimento. Eles conservam o seu papel de assistência habitual a serviço da comunidade inteira (At 8,26; 12,7-19; 27,23 etc.) e especialmente junto a Pedro (At 5,17-19; 10,3; 12,6-8).

Paulo retoma, em suas cartas, a supremacia absoluta de Cristo sobre todos os poderes celestes. Todos os anjos são submissos a Cristo, que os coloca a seu serviço (Hb 1,14). Desde a origem foram criados por ele e para ele (Cl 1,16). São Paulo apresenta também precisões a respeito dos nomes dos anjos e de sua hierarquia: "Pois é nele [Cristo] que foram criadas todas as coisas, no céu e na terra, os seres visíveis e os invisíveis, tronos, dominações, principados, potestades, tudo foi criado por ele e para ele. Ele existe antes de todas as coisas e nele todas as coisas têm consistência" (Cl 1,16-17).

A crença na existência dos anjos e em seu papel junto às pessoas é um elemento de fé cristã. Os anjos possuem um lugar indispensável no conjunto do mistério da fé.

"Como nós todos reconhecemos e professamos, é grande o mistério da piedade: ele foi manifestado na carne, justificado pelo Espírito, contemplado pelos anjos, proclamado entre as nações, acreditado no mundo, arrebatado na glória" (1Tm 3,16).

Os anjos no Catecismo da Igreja Católica
(nn. 328-336)

"A existência dos seres espirituais, não corporais, que a Sagrada Escritura chama habitualmente de anjos, é uma verdade de fé. O testemunho da Escritura a respeito é tão claro quanto a unanimidade da Tradição."

Quem são os anjos?

Santo Agostinho diz a respeito deles: "Anjo (mensageiro) é designação de encargo, não de natureza. Se perguntares pela designação de natureza, é um espírito; se perguntares pelo encargo, é um anjo: é espírito por aquilo que é, enquanto é anjo, por aquilo que faz".

Por todo o seu ser os anjos são *servidores* e mensageiros de Deus. Porque contemplam "constantemente a face de meu Pai que está nos céus" (Mt 18,10) são "poderosos executores da sua palavra, obedientes ao som da sua palavra" (Sl 103,20).

Enquanto criaturas puramente *espirituais*, eles são dotados de inteligência e de vontade: são criaturas pessoais e imortais. Superam em perfeição todas as criaturas visíveis. Disso dá testemunho o fulgor de sua glória.

Cristo "com todos os seus anjos"

Cristo é o centro do mundo angélico. São os seus anjos: "Quando o Filho do homem vier em sua glória com todos os seus anjos..." (Mt 25,32). São seus porque foram criados por ele e para ele: "Pois foi nele que foram criadas todas as coisas, nos céus e na terra, as visíveis e as invisíveis: Tronos, Dominações, Principados, Potestades; tudo foi criado por ele e para ele (Cl 1,6). São seus, mais ainda, porque ele os fez mensageiros do seu projeto de salvação (Hb 1,14).

Eles aí estão, desde a criação, e ao longo da história da Salvação, anunciando de longe e de perto essa salvação e servindo ao desígnio divino da sua realização: fecham o paraíso terrestre (Gn 3,24), protegem Lot (Gn 19), salvam Agar e seu filho (Gn 21,17), seguram a mão de Abraão (Gn 22,11), a lei é comunicada por intermédio deles (At 7,53), conduzem o povo de Deus (Ex 23,20-23), anunciam nascimentos (Jz 13) e vocações (Jz 6,11-24; Is 6,6), e assistem aos profetas (1Rs 19,5), para citarmos apenas alguns exemplos. Finalmente, é o anjo Gabriel que anuncia o nascimento do precursor e do próprio Jesus (Lc 1,11.26).

Desde a encarnação até a ascensão, a vida do Verbo Encarnado é cercada da adoração e dos serviços dos anjos... (Hb 1,6). O canto de louvor deles ao nascimento de Cristo não cessou de ressoar no louvor da Igreja: "Glória a Deus..." (Lc 2,14). Protegem a infância de Jesus (Mt 1,20; 2,13.19), servem a Jesus no deserto (Mc 1,13; Mt 4,11), reconfortam-no na agonia (Lc 22,43).

São ainda os anjos que "evangelizam" (Lc 2,10), anunciando a Boa-Nova da encarnação (Lc 2, 8-14) e da ressurreição (Mc 16,5-7) de Cristo. Estarão presentes no retorno de Cristo, que eles anunciam, a serviço do juízo que o próprio Cristo pronunciará (cf. Mt 13,41; 25,31; Lc 12,8-9).

Os anjos na vida da Igreja

Do mesmo modo, a vida da Igreja se beneficia da ajuda misteriosa e poderosa dos anjos (At 5,18-20). Na sua liturgia, a Igreja se associa aos anjos para adorar o Deus três vezes santo – assim na Oração Eucarística II: "Por ele os anjos celebram a vossa grandeza e os santos proclamam a vossa glória. Concedei-nos também a nós associar-nos aos seus louvores cantando a uma só voz: Santo, Santo, Santo..." –, ou na liturgia dos defuntos – "Para o Paraíso te levem os anjos" [...] –; festeja particularmente a memória de certos anjos (São Miguel, São Gabriel, São Rafael, os anjos da guarda).

Desde a infância (Mt 18,10) até a morte (Lc 16,21), a vida humana é cercada pela proteção (cf. Sl 34,8; 91,10-13) e pela sua intercessão dos anjos (cf. Jó 33,23-24; Zc 1,12; Tb 12,12). "Cada fiel é ladeado por um anjo como protetor e pastor para conduzi-lo à vida" (São Basílio).

Palavras do
Papa Francisco

Trechos das palavras do Papa dirigidas ao Papa emérito Bento XVI, bispos, sacerdotes e fiéis reunidos, por ocasião da inauguração da estátua do Arcanjo São Miguel nos jardins do Vaticano, no dia 5 de julho de 2013:

> Encontramo-nos aqui, nestes jardins do Vaticano, para inaugurar um monumento dedicado ao Arcanjo São Miguel, padroeiro do Estado da Cidade do Vaticano. [...]
> Nos jardins do Vaticano existem diversas obras artísticas; mas esta, que hoje se acrescenta, assume um lugar de particular relevo, quer pela sua colocação, quer pelo significado que exprime. Com efeito, não é apenas uma obra celebrativa, mas um convite à reflexão e à oração.

Miguel – que significa: "Quem é como Deus?" – é o campeão do primado de Deus, da sua transcendência e do seu poder. Miguel luta para restabelecer a justiça divina; defende o povo de Deus dos seus inimigos e, sobretudo, do inimigo por excelência, o diabo. E São Miguel vence, porque nele é Deus que age. Então, esta escultura recorda-nos que o mal é vencido, o acusador desmascarado e a sua cabeça esmagada, porque a salvação se realizou de uma vez para sempre no sangue de Cristo. Embora o diabo tente sempre ferir o rosto do arcanjo e a face do homem, contudo, Deus é mais forte; a vitória é sua, e a sua salvação é oferecida a cada homem. No caminho e nas provações da vida não estamos sozinhos, mas somos acompanhados e amparados pelos anjos de Deus que oferecem, por assim dizer, as suas asas para nos ajudar a superar muitos perigos, para podermos voar alto em relação àquelas realidades que podem pesar sobre a nossa vida ou arrastar-nos para baixo. Ao consagrar o Estado da Cidade do Vaticano ao Arcanjo São Miguel, peçamos-lhe que nos defenda do Maligno e que o afaste.

Palavras do
Papa São João Paulo II

Texto conhecido como "A segunda-feira do anjo", preferido pelo Papa São João Paulo II, por ocasião da Regina Coeli, em 31 de março de 1997.

Caríssimos irmãos e irmãs!

1. Hoje é a segunda-feira de Páscoa, tradicionalmente chamada a segunda-feira do anjo, porque, no evento extraordinário da ressurreição, os anjos aparecem, ao lado das mulheres e dos apóstolos, como protagonistas significativos. É precisamente um anjo que, do sepulcro vazio, dirige a primeira mensagem às mulheres que ali chegam para completar a inumação do corpo de Jesus. Ele diz-lhes: "Não vos assusteis!". E acrescenta: "Buscais a Jesus de Nazaré, o Crucificado ressuscitou, não está aqui" (Mc 16,6).

Os anjos, além de na ressurreição, estão presentes com discrição em todos os momentos mais importantes da vida de Jesus. Anunciam o seu nascimento (cf. Mt 1,20; Lc 1,26; 2,9), guiam a sua fuga para o Egito e o retorno à pátria (cf. Mt 2,13.19), servem-lhe de conforto no final das tentações no deserto (cf. Mt 4,11) e na hora da paixão (cf. Lc 22,43); no fim dos tempos, estarão ao lado do Redentor no momento do Juízo sobre a história e o mundo (cf. Mt 13,41).

2. Os anjos, portanto, estão a serviço dos planos de Deus nos momentos fundamentais da história da Salvação. Como enviados de Deus, funcionam como mensageiros da sua vontade redentora. A presença dos anjos é vista pela Escritura e pela incessante fé eclesial como sinal de uma intervenção especial da Providência e como anúncio de realidades novas, que trazem consigo redenção e salvação.

A festa de hoje prolonga, então, a intensa alegria da Páscoa. A liturgia repete: "Este é o dia feito pelo Senhor: alegremo-nos e exultemos!".

O anúncio pascal, que o mensageiro divino dirigiu às mulheres, é repetido a cada um de nós pelo nosso anjo da guarda: "Não temas! Abre o coração a Cristo ressuscitado".

3. Pondo ao nosso lado o seu anjo, o Senhor quer acompanhar cada momento da nossa existência com o seu amor e com a sua proteção, para que possamos combater a boa batalha da fé (cf. 1Tm 6,12) e testemunhar, sem temor nem hesitação, a nossa adesão a ele, morto e ressuscitado para a nossa redenção.

Invoquemos a rainha dos anjos e dos santos para que, sustentados pelo nosso anjo da guarda, saibamos ser, cada dia, autênticas testemunhas da Páscoa do Senhor.

Quaresma em honra de São Miguel Arcanjo

Preparação para esta Quaresma

- Em um local silencioso, adequado para a oração, prepare um pequeno altar com uma imagem ou estampa de São Miguel Arcanjo, um vaso de flores e uma vela acesa.
- Durante os 40 dias, sugere-se que a pessoa faça penitência, jejuns, abstinências e uma boa confissão.

Orações para todos os dias

Invocação à Santíssima Trindade

Pelo sinal da Santa Cruz, livrai-nos, Deus, Nosso Senhor, dos nossos inimigos. Em nome do Pai, do Filho e do Espírito Santo. Amém.

Oração inicial

(composta e mandada rezar pelo Papa Leão XIII)

São Miguel Arcanjo, defendei-nos no combate, sede o nosso refúgio contra as maldades e ciladas do demônio. Ordene-lhe Deus, instantemente o pedimos, e vós, príncipe da milícia celeste, pela virtude divina, precipitai no inferno satanás e aos outros espíritos malignos que andam pelo mundo para perder as almas. Amém.

Sacratíssimo Coração de Jesus, tende piedade de nós! (3x).

(A seguir, ler os textos próprios da liturgia do dia: primeira leitura, Salmo, Evangelho. Após as leituras, faz-se um momento de silêncio meditativo para acolher no coração a Palavra de Deus.)

Ladainha de São Miguel

Senhor, tende piedade de nós.

Jesus Cristo, tende piedade de nós.

Senhor, tende piedade de nós.

Jesus Cristo, ouvi-nos.
Jesus Cristo, atendei-nos.

Pai Celeste, que sois Deus, tende piedade de nós.
Filho, Redentor do mundo, que sois Deus,
tende piedade de nós.
Espírito Santo, que sois Deus, tende piedade de nós.
Trindade Santa, que sois um único Deus,
tende piedade de nós.
Santa Maria, Rainha dos anjos, rogai por nós.
São Miguel, rogai por nós.
São Miguel, cheio da graça de Deus, rogai por nós.
São Miguel, perfeito adorador do Verbo Divino,
rogai por nós.
São Miguel, coroado de honra e de glória,
rogai por nós.
São Miguel, poderosíssimo príncipe dos exércitos
do Senhor, rogai por nós.
São Miguel, porta-estandarte da Santíssima
Trindade, rogai por nós.
São Miguel, guardião do Paraíso, rogai por nós.
São Miguel, guia e consolador do povo israelita,
rogai por nós.

São Miguel, esplendor e fortaleza da Igreja
militante, rogai por nós.
São Miguel, honra e alegria da Igreja triunfante,
rogai por nós.
São Miguel, luz dos anjos, rogai por nós.
São Miguel, baluarte dos cristãos, rogai por nós.
São Miguel, força daqueles que combatem
pelo estandarte da cruz, rogai por nós.
São Miguel, luz e confiança das almas
no último momento da vida, rogai por nós.
São Miguel, socorro muito certo, rogai por nós.
São Miguel, nosso auxílio em todas as adversidades,
rogai por nós.
São Miguel, arauto da sentença eterna, rogai por nós.
São Miguel, consolador das almas
que estão no purgatório, rogai por nós.
São Miguel, a quem o Senhor incumbiu de receber
as almas que estão no purgatório, rogai por nós.
São Miguel, nosso príncipe, rogai por nós.
São Miguel, nosso advogado, rogai por nós.

Cordeiro de Deus, que tirais o pecado
do mundo, perdoai-nos, Senhor.

Cordeiro de Deus, que tirais o pecado
do mundo, ouvi-nos, Senhor.
Cordeiro de Deus, que tirais o pecado
do mundo, tende piedade de nós, Senhor.

Rogai por nós, ó glorioso São Miguel, príncipe da Igreja de Cristo, para que sejamos dignos de suas promessas.

Oração: Glorioso São Miguel, chefe e príncipe dos exércitos celestes, fiel guardião das almas, vencedor dos espíritos rebeldes, amado da Casa de Deus, nosso admirável guia depois de Cristo; vós, cuja excelência e virtudes são altíssimas, dignai-vos livrar-nos de todos os males, nós todos que recorremos a vós com confiança, e fazei, pela vossa incomparável proteção, que adiantemos cada dia mais na fidelidade em servir a Deus.

Rogai por nós, ó bem-aventurado São Miguel, príncipe da Igreja de Cristo, para que sejamos dignos de suas promessas.

V.: Rogai por nós, ó bem-aventurado São Miguel Arcanjo.

R.: Para que sejamos dignos de suas promessas.

Em seguida, reza-se:

- 1 Pai-Nosso em honra de São Gabriel Arcanjo.
- 1 Pai-Nosso em honra de São Miguel Arcanjo.
- 1 Pai-Nosso em honra de São Rafael Arcanjo.
- 1 Pai-Nosso em honra do anjo da guarda.
- 3 Ave-Marias em honra a Santíssima Mãe de Deus.

Oração: Senhor Jesus, santificai-nos, por uma bênção sempre nova, e concedei-nos, pela intercessão de São Miguel, a sabedoria que nos ensina a ajuntar riquezas do céu e a trocar os bens do tempo presente pelos bens eternos. Vós que viveis e reinais pelos séculos dos séculos. Amém.

Rosário de
São Miguel Arcanjo

V.: Deus, vinde em nosso auxílio.
R.: Senhor, socorrei-nos e salvai-nos.
Glória ao Pai...

Primeira saudação

Pela intercessão de São Miguel e do coro celeste dos serafins, para que o Senhor Jesus nos torne dignos de ser abrasados de uma perfeita caridade. Amém.

1 Pai-Nosso; 3 Ave-Marias; 1 Glória.

Segunda saudação

Pela intercessão de São Miguel e do coro celeste dos querubins, para que o Senhor Jesus nos conceda a graça de fugirmos do pecado e procurarmos a perfeição cristã. Amém.

1 Pai-Nosso; 3 Ave-Marias; 1 Glória.

Terceira saudação

Pela intercessão de São Miguel e do coro celeste dos tronos, para que Deus derrame em nosso coração um espírito de verdadeira e sincera humildade. Amém.

1 Pai-Nosso; 3 Ave-Marias; 1 Glória.

Quarta saudação

Pela intercessão de São Miguel e do coro celeste das dominações, para que o Senhor nos conceda a graça de dominar nossos sentidos e de nos corrigir das nossas más paixões. Amém.

1 Pai-Nosso; 3 Ave-Marias; 1 Glória.

Quinta saudação

Pela intercessão de São Miguel e do coro celeste das potestades, para que o Senhor Jesus se digne de proteger nossa alma contra as ciladas e as tentações de Satanás e dos demônios. Amém.

1 Pai-Nosso; 3 Ave-Marias; 1 Glória.

Sexta saudação

Pela intercessão de São Miguel e do coro admirável das virtudes, para que o Senhor não nos deixe cair em tentação, mas que nos livre de todo o mal. Amém.

1 Pai-Nosso; 3 Ave-Marias; 1 Glória.

Sétima saudação

Pela intercessão de São Miguel e do coro celeste dos principados, para que o Senhor encha nossa alma do espírito de uma verdadeira e sincera obediência. Amém.

1 Pai-Nosso; 3 Ave-Marias; 1 Glória.

Oitava saudação

Pela intercessão de São Miguel e do coro celeste dos arcanjos, para que o Senhor nos conceda o dom da perseverança na fé e nas boas obras, a fim de que possamos chegar a possuir a glória do paraíso. Amém.

1 Pai-Nosso; 3 Ave-Marias; 1 Glória.

Nona saudação

Pela intercessão de São Miguel e do coro celeste de todos os anjos, para que sejamos guardados por eles nesta vida mortal e para sermos conduzidos por eles à glória eterna do céu. Amém.

1 Pai-Nosso; 3 Ave-Marias; 1 Glória.

V.: Rogai por nós, ó bem-aventurado São Miguel, príncipe da Igreja de Cristo.

R.: Para que sejamos dignos de suas promessas.

V.: Glória ao Pai, ao Filho e ao Espírito Santo.

R.: Como era no princípio, agora e sempre. Amém.

Oração: Deus, todo-poderoso e eterno, que, por um prodígio de bondade e misericórdia para a salvação da humanidade, escolhestes para príncipe de vossa Igreja o glorioso Arcanjo São Miguel, tornai-nos dignos, nós vo-lo pedimos, de sermos preservados de todos os nossos inimigos, a fim de que na hora da nossa morte nenhum deles nos possa inquietar, mas que nos seja dado de sermos introduzidos por ele na presença da vossa poderosa e augusta majestade, pelos merecimentos de Jesus Cristo, nosso Senhor. Amém.

Bênção final

V.: A nossa proteção está no nome do Senhor.

R.: Que fez o céu e a terra.

V.: Por intercessao de Sao Miguel Arcanjo, abençoe-nos o Deus todo-poderoso, Pai, Filho e Espírito Santo.

R.: Amém.

Outras orações e salmos

Angelus

- O anjo do Senhor anunciou a Maria.
- E ela concebeu do Espírito Santo.

Ave, Maria...

- Eis aqui a serva do Senhor
- Faça-se em mim segundo a vossa Palavra.

Ave, Maria...

- E o Verbo Divino se fez carne.
- E habitou entre nós.

Ave, Maria...

- Rogai por nós, Santa Mãe de Deus.
- Para que sejamos dignos das promessas de Cristo.

Oremos: Infundi, Senhor, em nossos corações a vossa graça, a fim de que, conhecendo, pelo anúncio do anjo, a encarnação de Jesus Cristo, vosso Filho, cheguemos, pela sua paixão e morte, à gloria da ressurreição. Pelo mesmo Cristo, nosso Senhor. Amém.

Consagração a São Miguel Arcanjo

Ó príncipe nobilíssimo dos anjos, valoroso guerreiro do Altíssimo, zeloso defensor da glória do Senhor, terror dos espíritos rebeldes, amor e delícia de todos os anjos justos, meu diletíssimo Arcanjo São Miguel, desejando eu fazer parte do número dos vossos devotos e servos, a vós hoje me consagro, me dou e me ofereço, e ponho-me a mim próprio, a minha família e tudo que me pertence debaixo da vossa poderosa proteção. É pequena a oferta do meu serviço, sendo como sou um mísero pecador, mas vós engrandecereis o afeto do meu coração. Recordai-vos que de hoje em diante estou debaixo de vossa proteção e deveis assistir-me em toda a minha vida e obter-me o perdão dos meus muitos e graves pecados, a graça de amar a Deus de todo o coração, a meu querido Salvador Jesus Cristo e a minha Mãe Maria Santíssima. Obtende-me aqueles auxílios que me são necessários para receber a coroa da eterna glória. Defendei-me dos inimigos da alma, especialmente na hora da morte. Vinde, ó príncipe gloriosíssimo, assistir-me na última luta e, com vossa arma poderosa, lançai para longe, precipitando nos abismos do inferno, aquele anjo quebrador das promessas e soberbo que um dia prostrastes no combate no céu.

São Miguel Arcanjo, defendei-nos no combate para que não pereçamos no supremo Juízo. Amém.

(Essa consagração é rezada no Santuário São Miguel, no Monte Gargano, na Itália.)

Consagração da família a São Miguel Arcanjo

Ó grande arcanjo São Miguel, príncipe e chefe das legiões angélicas, penetrado do sentimento de vossa grandeza, de vossa bondade e vosso poder, na presença da adorável Santíssima Trindade, da Virgem Maria e de toda a corte celeste, eu *(dizer o nome)* e minha família vimos hoje nos consagrar a vós (ou renovar agora a nossa consagração a vós).

Queremos vos honrar e invocar fielmente. Recebei-nos sob vossa especial proteção e dignai-vos desde então velar sobre nossos interesses espirituais e temporais.

Conservai sempre em nós a perfeita união do espírito, dos corações e do amor familiar. Defendei-nos contra o ataque inimigo, preservai-nos de todo mal e, particularmente, da desgraça de ofender a Deus gravemente.

Que, por nossos cuidados, devotados e vigilantes, cheguemos todos à felicidade eterna. Dignai-vos, São Miguel, reunir todos os membros de nossa família. Amém.

Salmo 23(24)

O Senhor é o pastor que me conduz,
nada me falta.

Ele me faz descansar em verdes prados;
para águas tranquilas me conduz.
Restaura minhas forças,
guia-me pelo caminho certo.
por amor do seu nome.

Se eu tiver de andar por vale escuro,
não temerei mal nenhum, pois comigo estás.
O teu bastão e teu cajado me dão segurança.
Diante de mim preparas uma mesa
aos olhos dos meus inimigos;
unges com óleo minha cabeça,
meu cálice transborda.
Felicidade e graça vão me acompanhar
todos os dias da minha vida
e vou morar na casa do Senhor
por muitíssimos anos.

Salmo 27(26)

O Senhor é minha luz e minha salvação;
a quem temerei?

O Senhor é a fortaleza da minha vida;
com que me assustarei?
Quando malvados se aproximam de mim,
a fim de devorar minha carne,
são meus adversários e meus inimigos.
Eles já tropeçaram e caíram.
Ainda que uma tropa acampada me sitie,
meu coração não teme!
Ainda que um combate se erga contra mim,
mesmo assim eu estarei confiante!
Uma coisa peço ao Senhor, somente esta procuro:
assentar-me na casa do Senhor e
refletir em seu templo.
Porque no dia do mal-estar, me ocultarei
em sua cabana;
o esconderijo de sua tenda me esconderá;
sobre uma rocha me elevará.
Agora minha cabeça se eleva
sobre meus inimigos ao meu redor.
E quero sacrificar em sua tenda
sacrifícios de aclamação.
Quero cantar e salmodiar ao Senhor.

Escuta minha voz, Senhor, pois clamo!
Tem misericórdia de mim e responde-me!
Meu coração refletiu sobre ti:
"Procurai minha face!"
É tua face, Senhor, que eu procuro.
Não escondas tua face de mim;
não rejeites com ira o teu servo!
És meu auxílio, não me deixes e
não me abandones, ó Deus da minha salvação!
Ainda que meu pai e minha mãe tenham
me abandonado, o Senhor me acolhe.
Senhor, instrui-me em teu caminho!
Guia-me na vereda da retidão,
por causa dos que me espreitam!
Não me entregues ao desejo de meu adversário,
porque testemunhas falsas se erguem contra mim,
rosnando de forma violenta.
Por certo, acredito, ao ver a bondade
do Senhor na terra dos vivos!
Espera no Senhor!
Sê forte, para que teu coração resista!
Espera no Senhor!

Salmo 91(90)

Tu que estás sob a proteção do Altíssimo
e moras à sombra do Onipotente,
dize ao Senhor: "Meu refúgio, minha fortaleza,
meu Deus, em quem confio".

Ele te livrará do laço do caçador, da peste funesta;
Ele te cobrirá com suas penas,
sobre suas asas encontrarás refúgio.
Sua fidelidade te servirá de escudo e couraça.

Não temerás os terrores da noite,
nem a flecha que voa de dia,
nem a peste que vagueia nas trevas,
nem a praga que devasta ao meio-dia.

Cairão mil ao teu lado e dez mil à tua direita;
Mas nada te poderá atingir.
Basta que olhes com teus olhos,
verás o castigo dos ímpios.
Pois teu refúgio é o Senhor;
fizeste do Altíssimo a tua morada.

Não poderá te fazer mal a desgraça,
nenhuma praga cairá sobre tua tenda.
Pois ele te dará ordens aos seus anjos
para te protegerem em todo os teus passos.

Em suas mãos te levarão para que teu pé
não tropece em nenhuma pedra.
Caminharás sobre a cobra e a víbora,
pisarás sobre leões e dragões.

"Eu o salvarei, porque a mim se confiou;
eu o exaltarei, pois conhece meu nome.
Ele me invocará, e lhe darei resposta;
perto dele estarei na desgraça,
vou salvá-lo e torná-lo glorioso.
Vou saciá-lo com longos dias
e lhe mostrarei a minha salvação."

Coroazinha ao anjo da guarda

(Pe. Tiago Alberione)

1. Pai celeste, agradeço a vossa bondade infinita, porque desde o momento em que me destes a vida, me confiastes a um anjo, para me "iluminar, guardar, reger e governar". Agradeço também a vós, meu anjo da guarda, que me acompanhais cada dia na viagem de volta ao Pai celeste. Vossas inspirações, a contínua defesa nos perigos espirituais e corporais, e vossas orações junto a Deus, são para mim grande conforto e segura esperança.

Anjo de Deus, que sois a minha guarda e a quem fui confiado(a) por celestial piedade, iluminai-me, guardai-me, regei-me e governai-me. Amém.

2. Meu anjo da guarda, vós sempre contemplais o Senhor e quereis que eu seja partici-

pante dessa mesma felicidade no céu: eu vos peço alcançar-me o perdão de Deus, porque fui muitas vezes surdo(a) aos vossos conselhos, porque pequei em vossa presença, e tão raramente pensei que sempre está bem próximo de mim.

Anjo de Deus, que sois a minha guarda...

3. Meu anjo da guarda, fiel e forte na virtude, sois um dos anjos guiados no céu por São Miguel que venceram Satanás e seus seguidores. Essa mesma luta continua agora na terra: as forças do mal lutam contra Jesus Cristo e insidiam as pessoas. Rogai à imaculada Rainha dos Apóstolos em favor da Igreja, cidade de Deus que luta contra a cidade de Satanás. São Miguel Arcanjo, com todos os vossos seguidores, defendei-nos no combate; sede nossa força contra as insídias do mal. Com o poder de Deus, subjugai Satanás e todas as forças do mal que fazem as pessoas se perderam.

Anjo de Deus, que sois a minha guarda...

4. Anjos do céu, guardai os escritores, técnicos, difusores e todos os que trabalham com os modernos meios de comunicação social, e todos os que se utilizam deles. Defendei-os do mal, guiai-os na verdade, obtende-lhes a verdadeira caridade. Pedi ao Senhor as vocações necessárias para este apostolado e acompanhai-as nessa delicada missão. Inspirai a todos, para que cooperem com ação, orações e ofertas, para o apostolado da comunicação social. Iluminai, guardai, regei e governai o mundo das técnicas audiovisuais, para que possa elevar o nível da vida presente e orientar a humanidade para os bens eternos.

Anjo de Deus, que sois a minha guarda...

5. Anjos todos do Senhor, fostes chamados a servir, louvar e bendizer incessantemente a Santíssima Trindade e a reparar as nossas negligências. Sois os verdadeiros amigos de Deus e das pessoas. Cantais continuamente: "Glória a Deus no mais alto dos céus e paz na terra aos

homens por ele amados". Nós vos suplicamos por toda a humanidade, para que conheça o verdadeiro e único Deus, o Filho enviado por ele e a Igreja, mensageira da verdade. Intercedei para que seja santificado o nome de Deus, venha o reino de Jesus Cristo, e seja feita a vossa vontade, assim na terra como no céu. Estendei a vossa proteção aos governantes, aos trabalhadores e aos que sofrem. Obtende bênção e salvação para os que buscam a verdade, a justiça e a paz.

Anjo de Deus, que sois a minha guarda...

Músicas

Manda teus anjos

(Cd: *O rosário dos Arcanjos*. Pe. Agnaldo José. Paulinas-COMEP.)

Manda teus anjos neste lugar
Manda teus anjos aqui, Senhor
Para curar e libertar
Manda teus anjos, Deus de Amor.

São Miguel, o defensor
São Gabriel, força do Senhor
São Rafael, libertador
Manda teus anjos aqui, Senhor.

Santos anjos do Senhor

(Cd: *O rosário dos Arcanjos*. Pe. Agnaldo José. Paulinas-COMEP.)

Santos anjos do Senhor
Que desceram lá do céu
Enviados pelo Pai
Estão no meio de nós.

Vêm nos libertar
Vêm nos defender
Vêm nos consolar
Vêm nos proteger.